생쥐 나라 고양이 국회

알리스 메리쿠르 글 · 마산진 그림
이세진 옮김

어떤 나라 이야기를 들려줄게.

바로 '생쥐 나라' 이야기야.

그곳에서 생쥐들은 놀고, 먹고, 자고……
꼭 우리처럼 살았더랬지.

생쥐들은 4년마다 누구를 우두머리로 세울지 정했어.
저마다 상자에 종이를 집어넣는 방식으로 말이야.

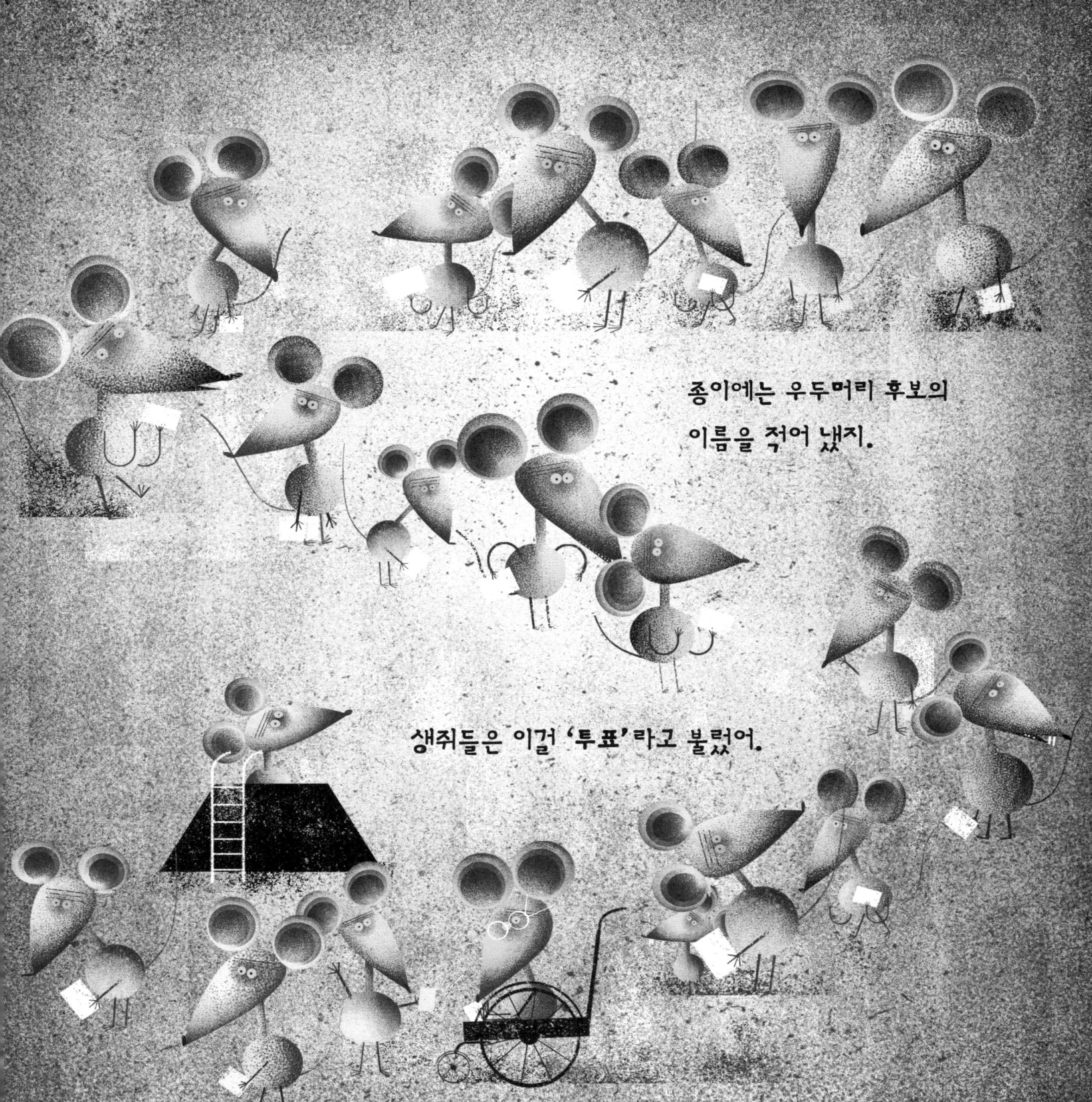

종이에는 우두머리 후보의
이름을 적어 냈지.

생쥐들은 이걸 '투표'라고 불렀어.

투표로 뽑힌 우두머리들은 죄다······

투실투실하고 피둥피둥하고
시커먼 **고양이**들이었지!

잠깐, 나는 딱히 고양이를 싫어하지는 않아.
우두머리들은 꽤 괜찮은 친구들이었어.
꽤 좋은 법안을 통과시키기도 했고.
뭐, 실은 고양이들에게나
좋은 법이었지만 말이야.
고양이에게 좋은 법이
생쥐에게도 좋으리라는
법은 없잖아.

우두머리들이 정한 법 중에는,
쥐구멍은 반드시 고양이가 발을 쑥 집어넣을 수 있을 만큼
커야 한다는 것도 있었어.

하나같이 좋은 법이었어.
고양이들에게는 말이야.
하지만 생쥐들은 살기가
점점 더 팍팍해졌어.

그러다 더는 참을 수 없는 지경에 이르렀지.
"뭐라도 해야 해!"
생쥐들은 우르르 투표를 하러 몰려갔어.

"이제 더는 검은 고양이를 뽑지 맙시다!"

검은 고양이들은 물러나야 했어.
생쥐들이 새로 뽑은 우두머리는……

흰 고양이들이었어.

흰 고양이들이 선거 운동 하나는 끝내주게 했거든.
흰 고양이들은 이렇게 말했지.

"생쥐 나라의 문제점은요,
쥐구멍이 동그랗다는 겁니다."

흰 고양이들은 또 이렇게 말했어.

"우리를 뽑아 주신다면
쥐구멍을 네모나게 만들겠습니다."

흰 고양이들은 그 약속을 지켰어.
네모난 쥐구멍은 동그란 쥐구멍보다 두 배는 컸어.
이제 고양이들은 쥐구멍에 두 발을 너끈히 집어넣을 수 있었지.

생쥐들의 삶은 그 어느 때보다 힘겨워졌어.
"해도 해도 너무한다. 이제 더는 못 참아!" 생쥐들은 비명을 질러 댔어.

생쥐들은 검은 고양이와 흰 고양이를 반반 섞어서 뽑기도 했어.
그러고는 **'연립 정부'**라고 불렀지.

얼룩 고양이들을 우두머리로 뽑아 보기도 했어.
그 고양이들은 꼭 생쥐처럼 말을 했지.

하지만…… 얼룩 고양이도 쥐를 잡아먹기는 마찬가지였어.

알겠니? 문제는 털 색깔이 아니었어.
고양이는 고양이라서 문제였던 거야.

어느 날, 작은 생쥐에게 어떤 생각이 떠올랐어.
친구들, 생각이 있는 친구 말은 언제나 잘 새겨들어야 해.
작은 생쥐가 다른 생쥐들에게 말했어. "생쥐 나라는 생쥐가 다스려야 하지 않을까요?
이제 우두머리로…… 우리 같은 생쥐를 뽑으면 어떨까요?
하다못해 제비뽑기를 하더라도 고양이를 뽑는 것보다는 낫지 않겠어요?"

"뭐라고!" 생쥐들은 펄쩍 뛰었어.
"저 생쥐, 단단히 미쳤구먼! 당장 가둬 버려!"

작은 생쥐는 감옥에 갔어.